BEI GRIN MACHT SICH IHR WISSEN BEZAHLT

AF136117

- Wir veröffentlichen Ihre Hausarbeit,
  Bachelor- und Masterarbeit

- Ihr eigenes eBook und Buch -
  weltweit in allen wichtigen Shops

- Verdienen Sie an jedem Verkauf

Jetzt bei www.GRIN.com hochladen
und kostenlos publizieren

GRIN :)

Analyse des Konstruktes der Arbeitszufriedenheit mittels SPSS

Eloy Veit

GRIN ☺

Bibliografische Information der Deutschen Nationalbibliothek:

Die Deutsche Nationalbibliothek verzeichnet diese Publikation in der Deutschen Nationalbibliografie; detaillierte bibliografische Daten sind im Internet über http://dnb.d-nb.de abrufbar.

ISBN: 9783346757586
Dieses Buch ist auch als E-Book erhältlich.

Druck und Bindung: Books on Demand GmbH, Norderstedt Germany
Gedruckt auf säurefreiem Papier aus verantwortungsvollen Quellen

Das vorliegende Werk wurde sorgfältig erarbeitet. Dennoch übernehmen Autoren und Verlag für die Richtigkeit von Angaben, Hinweisen, Links und Ratschlägen sowie eventuelle Druckfehler keine Haftung.

Das Buch bei GRIN: https://www.grin.com/document/1293299

Einsendeaufgaben

Bearbeitung des Themenkataloges

Modul: Wissenschaftliches Arbeiten- (Vertiefung II)
Studiengang: Wirtschaftspsychologie

Abgabe am: 14.8.2020

Eloy Benjamin Veit
Wirtschaftspsychologie B.Sc.

Inhaltsverzeichnis

a. a. O.	am angegebenen Ort
Abb.	Abbildung
Aufl.	Auflage
Bd.	Band
Bde.	Bände
Diss.	Dissertation
ebd.	ebenda
et al.	und andere
f.	folgende Seite
ff.	folgende Seiten
Hrsg.	Herausgeber
Jg.	Jahrgang
o. J.	ohne Jahr
o. O.	ohne Ort
o. V.	ohne Verfasser
o. S.	ohne Seite
S. P.	Sensible Phase
vgl.	vergleiche
ggf.	gegebenen falls
z.b.	Zum Beispiel
bsph.	beispielshalber
AMA	American Marketing Association
QMS	Qualität Management System
e.q.I.	evaluativen qualitative Inhaltsanalyse
i.s.q.I	inhaltlich strukturierenden qualitative Inhaltsanalyse
AZ	Arbeitszufriedenheit
u. U.	unter Umständen
AZM	Arbeitszufriedenheitsmodell
AN	Anspruchsniveau

Tabellenverzeichnis

Abbildungsverzeichnis

Alternative C

C1. (40 Punkte, Umfang ca. 5-7 Seiten)

a. Erörterung des Konstruktes der Arbeitszufriedenheit

Was die Quantität der Durchgeführten Studien zu Arbeitszufriedenheit (AZ) betrifft, lasst sich eine steigende Signifikanz sichten, was die Zunahme an Suchtreffern, gemessen am Psyindex erkenntlich macht. Im Jahr 2004 waren es noch 2596 Treffer[1], heute im Jahr 2020 sind es über 6500. Das Konstrukt der Arbeitszufriedenheit, gehört zu den wohl best erforschten Konstrukten der Arbeits und Organisationspsychologie und dies, ohne dass ihm eine einheitliche Definition zu Grunde liegt[2]. So definiert Motowidlo dieses Konstrukt als "...self-reports of job satisfaction are judgements about the favorability of the work environment"[3]. Wohingegen Kauffelds und Schermulys neuere Definition, welcher wir folgen, mehrere Komponenten mit einbezieht. „Arbeitszufriedenheit ist das, was Menschen in Bezug auf ihre Arbeit und deren Facetten denken und fühlen. Es ist das Ausmaß, in dem Menschen ihre Arbeit mögen (Zufriedenheit) oder nicht mögen (Unzufriedenheit)"[4]. Gründe hierfür sind zu einem, dass es einen wahrhaften Gesellschaftlichen Interessenmagnet darstellt. So gilt AZ sowohl als ethisch, humanitäres Ziel zur Steigerung der Lebensqualität, kann zugleich jedoch auch als Mittel zu Erreichung Organisationaler Ziele betrachtet werden. Letzteres geschieht durch die Fluktuationsbegrenzung und Arbeitsleistungssteigerung. In seiner dritten und letzten Funktion agiert die AZ als Gesellschaftliches Ziel im Gesellschaftlichen Kontext, in diesem kann man sie als Maßstab der Akzeptanz für vorherrschende Wirtschafts und Gesellschaftssysteme begreifen[5]. Zum anderem liegen dem Konstrukt verschiedene theoretische Konzeptionen zu Grunde. Nach Hofbauer und Schwingsmehl kam die Weitere AZ Forschung mitunter sehr vielfältige Namen für Ihre Konzeptionen gehabt, diese reichen von Arbeitsqualität, Beschäftigungsqualität über Arbeit und Beschäftigungsqualität bis hin zu Synonymen wie faire Beschäftigung oder menschenwürdige Arbeit. Dabei dreht es sich im Kern, um den Versuch Bezeichnungen für den Qualitativen Aspekt der Arbeit zu finden, um ein Messbares Konstrukt hervorzubringen. Die Engere AZ-Forschung hingegen lasst sich bei der Konzeption ihrer

---

[1] Vgl. Roedenbeck, M.R.H. (2004), S. 5
[2] Vgl. vom Holtz. R (1998), S. 39
[3] With, M. (2008), S. 9 zitiert nach Motowidlo S. J. (1996), S. 176
[4] Kauffeld, S. Schermuly, C. C. (2018), S. 239
[5] Vgl. Kauffeld, et al. S. (2018), S. 238

6

Modelle in verschiedene Ansätze differenzieren, zu diesen gehören Bedürfnistheoretische Ansätze, anreiztheoretische Ansätze und Kognitive Ansätze[6]. Ein weiterer Versuch die Theorien zu ordnen kann in die Kategorien Inhaltstheorien und Prozesstheorien geschehen, wobei jede Kategorie aussagekräftige Modelle offeriert, sehe Maslows Bedürfnis Bedürfnispyramide oder Hogans sozioanalytischen Ansatz so Nerdinger, Blickle und Schaper[7].

b. Messung des Konstruktes Arbeitszufriedenheit

Beim Versuch die Arbeitszufriedenheit in Organisationen zu messen, geschieht das nach Kauffeld et al. entweder mittels eines globalen Maßes, welches z.b. ein einzelnes Item sein kann bsp. Wie zufrieden sind sie mit ihrem Job? oder aber mit Facetten. Diesbezüglich stellt das bekannteste Instrument zur Erhebung der Arbeitszufriedenheit im Deutschsprachigen Raum der AAB (Arbeitsbeschreibungsbogen) dar. In diesem werden die Respondenten gebeten ihr Kollegium mittels folgender Adjektive zu konnotieren: stur, hilfsbereit, zerstritten, sympathisch, unfähig, guter Zusammenhalt, faul und angenehm. Insgesamt kommen so 81 erhobene Items zusammen, die sich dann in die 9 folgenden Facetten Inkludieren: Kollegium, Führungskräfte, Tätigkeit, Arbeitsbedingungen, Organisation, Leitung, Entwicklung, Bezahlung, Arbeitszeit und Arbeitsplatzsicherheit[8]. Bei der Erstellung des Konstruktes ist auf die betonte Kritik zu achten, welche besagt, dass die Reliabilität des Fragebogens steigt, wenn man nicht ein einzelnes Item für die Messung der AZ heranzieht, sondern ein Bündel aus Items, da der Wert so von .67 auf höhere Werte steigt[9]. Ein anderes Problem besteht in der Subjektivität der Realität, so kann eine Gewichtung der verschiedenen AZ-Apekte, vollkommen subjektiv erfolgen. Ein bsph. Hierfür ist eine Person, die einen sauberen und ruhigen Arbeitslatz hat, diesen jedoch immer aufgrund von langen Anfahrtszeiten durch stätischen Verkehr gestresst bei diesem ankommt. Werden die gleichen Strukturen von zwei oder mehreren Personen unterschiedlich bewertet spricht man von subjektiven Strukturen. Andere Restriktionen bestehen u.U. in der Sozialen Erwünschtheit einer Aussage, also einer Verfälschung der ursprünglichen Reinheit durch die Anpassung an eine Soziale Norm. Es kann auch zum Einsatz von Heuristiken kommen, bsph.

---

[6] Vgl. Hofbauer, R. Schwingsmehl, M. (2017), S. 88
[7] Vgl. Nerdinger, F. W. Blickle, G. Schaper, N. (2014), S. 427-428
[8] Vgl. Kauffeld, S. et al. (2018), S. 239
[9] Vgl. Nerdinger, F. W. Blickle, G. Schaper, N. (2019), S. 467-468

Verfügbarkeitsheuristik, hierdurch wird die eigentliche Situation durch den Schein des Momentes getrübt, ähnlich dieser ist das Prinzip der Rekonstruktion und Rationalisierung geht es wie bei der letzten Restriktionen Stimmung und Bewertung um die Begrenzte Rationalität, welche in Interviewsituationen zu Fehlinterpretationen führen[10].

c. Wichtige Determinanten von verschiedenen AZM (Arbeitszufriedenheitsmodellen)

Zu der Kategorie Inhaltstheorien, also denjenigen Theorien, die sich mit jenen Faktoren beschäftigen, welche zur Arbeit antreiben bzw. motivieren und aufrechterhalten zählt eines der bekanntesten AZM, nämlich die sog. Zwei Faktoren-Theorie von Frederick, H. Herzberg 1959[11]. Das Modell basiert auf einer qualitativen Interviewstudie erhoben an männlichen Erwerbstätigen in Pittsburgh. Ziel der Erhebung war es herauszufinden, wann sich die Männer bei ihrer Arbeit besonders zufrieden bzw. wann sie sich sehr unzufrieden fühlten. Hierdurch gelang es den Forschenden, zwei Faktorengruppen abzuleiten so Wiese und Stertz[12]. Nach Einramhof stellt Herzbergs Modell, eine Erweiterung der AZ-Modelle um den Aspekt Arbeitsmotivation dar, was sich in den oben erwähnten abgeleiteten Faktoren Motivatoren (satisfires), welche Zufriedenheit bewirken und Hygienefaktoren, (dissatisfiers) die demnach für die Unzufriedenheit verantwortlich sind, bemerkbar macht[13]. Die Hygienefaktoren oder auch Kontextfaktoren genannt, thematisieren Erlebnisse, welche mit dem Arbeitsumfeld verbunden sind, also nicht direkt auf die Arbeit als solche gerichtet sind, mögliche bsp. hierfür sind zb. Gehalt, Statuszuweisung, Beziehung zu Untergebenen, Kollegen und Vorgesetzten, Führung durch den Vorgesetzen, Unternehmenspolitik und -verwaltung, Konkrete Arbeitsbedingungen, Persönliche, mit dem Beruf verbundene Bedingungen Sicherheit des Arbeitsplatzes, diese sollten im Vorhinein ausreichend gesichert werden, da sie bei nichtvorhandensein negative Auswirkungen auf die AZ haben, bestenfalls jedoch den Arbeiter in einem Zustand, welchen man nicht-Unzufriedenheit nennt belässt[14]. Als Kontentfaktoren oder Motivatoren werden hingegen die intrinsischen Aspekte, welche mit der Arbeit einhergehen (Arbeitsinhalt) bezeichnet. Die Kontentfaktoren beinhalten Leistungserlebnisse, Anerkennung, Arbeitsinhalt, Übertragene Verantwortung,

---

[10] Vgl. Kauffeld, S. et al. (2018), S. 240
[11] Vgl. Einramhof, H. F. (2016), S. 37
[12] Vgl. Wiese, B. S. Stertz, A. M. (2019), S. 13
[13] Vgl. Einramhof, H. F. (2016), S.40 nach Herzberg 1966, S.97 ff.
[14] Vgl. Nerdinger, F. W. Blickle, G. Schaper, N. (2019), S. 420

Beruflicher Aufstieg und das Gefühl sich in der Arbeit entfalten zu können[15]. Kritik erfuhr das Modell hinsichtlich der Replizierbarkeit, sowie der faktoriellen Bestimmung der Variable Geld, da die Zuweisbarkeit als Hygienefaktor zu bezweifeln ist, da es subjektiv auch als Anerkennung interpretiert werden kann, was aus ihm einen motivierenden Kontentfaktor macht[16]. Ein anderes sehr bekanntes Modell zur Beschreibung und Erfassung von Az ist jenes von Bruggemann, dieses fokussiert die auf intra-individuellen Vergleichen beruhend auf Beziehung, welche sich zwischen den während der Arbeit wahrgenommenen Arbeitsbedingungen, sowie den an diese gestelltes Anspruchsniveaus (AN) ergibt, so Wiese und Stertz. Besonders an diesem Modell ist, dass es postuliert AZ könne auch bei ungünstigen Bedingungen entstehen[17].

Vergleich der Gewünschten mit der aktuellen Arbeitssituation					
Positives Ergebnis			Ungünstiges Ergebnis		
			Aufrechterhaltung des AN		
Erhöhung des AN	Verbleib auf dem bisherigen AN	Senkung des AN	Verzerrte Situationswahrnehmung	Keine Problemlöseversuche	Problemlöseversuche
Progressive Arbeits-zufriedenheit	**Stabilisierte Arbeitszufriedeneheit**	**Resignative Arbeitszufriedenheit**	**Pseudo Arbeits Zufriedenheit**	**Fixierte Arbeits-unzufriedeneheit**	**Konstruktive Arbeits unzufriedenheit**

Tab. 1. Prozess des Entstehens verschiedener Formen der Arbeitszufriedenheit Quelle: inspiriert von Wiese, B. S. und Stretz, A. M. (2019), S. 15 nach Bruggemann (1976)

Durch das oben Erörterte Modell von Herzberg die Zweifaktorentheorie, konnte eine Verbindung der Zufriedenheit und Motivation von Beschäftigten hin zu ihrer Tätigkeit vollzogen werden. Wichtig zu erwähnen ist, dass es den späteren Arbeiten von Hackman und Oldham mit ihrem Job Characteristics Model zu verdanken ist, dass man die dafür entscheidende Merkmale entdeckt hat[18]. Dabei hat Arbeit drei wesentliche Aspekte zu erfüllen, um in diesem Modell intrinsisch motivierend zu wirken und somit Auswirkungen auf die AZ zu nehmen. 1) Die Tätigkeit muss als bedeutsam erlebt werden.

---

[15] Vgl. ebd. (2019), S. 467-468
[16] Vgl. Kauffeld, S. et al. (2018), S. 241
[17] Vgl. Wiese, B. S. Stertz, A. M. (2019), S. 14
[18] Vgl. Nerdinger, F. W. Blickle, G. Schaper, N. (2019), S. 469

2) Die Beschäftigten müssen sich für die Ergebnisse ihrer Tätigkeiten verantwortlich fühlen und 3) Sie müssen sich in der Kenntnis der aktuellen Resultate ihrer Tätigkeit besonders der Ergebnisqualität sein[19].

d. Konkretisierung des Erhebungskontext für den Strukturbaum

Eine Datenerhebung stellt nach Kamps „die Ermittlung der Ausprägungen der Merkmale bei den Elementen einer Untersuchungsgesamtheit. Eine Erhebung kann in Form einer schriftlichen oder mündlichen Befragung (Fragebogen, Interview) oder durch Beobachtung erfolgen. Man unterscheidet primärstatistische Erhebung (Primärstatistik) und sekundärstatistische Erhebung (Sekundärstatistik). Je nachdem, ob die Grundgesamtheit vollständig erfasst oder ob ihr eine Stichprobe entnommen wird, spricht man von Vollerhebung oder Teilerhebung"[20]. Unter einer Grundgesamtheit versteht man die Gesamtheit aller Elemente, welche auf ein ausgewähltes Merkmal hin untersucht werden sollen, die für die Statistik daraus gezogene Teilmenge nennt man Stichprobe so Sibbertsen und Lehne[21]. Im Rahmen der Konkretisierung des Erhebungskontextes kommt es nach Albers, Klapper, Konradt, Walter und Wolf um die Ergänzung folgender Fragen: Wann, wo und mit welchen Medien findet die Erhebung statt? findet die Erhebung immer zur gleichen Zeit statt[22] ? Bei der Erhebung des Konstruktes zur Messung der AZ, kommt es zu einer Betrieblichen, routinemäßigen halbjährigen Standardbefragung mittels voll standardisierter Fragebögen. Um die Beschäftigten bei der Ausübung ihrer Tätigkeit nicht zu stören, werden die Respondenten dazu angehalten den Fragebogen, welcher auch als online Datei erhältlich ist innerhalb von einer Woche max. aber zwei Wochen, vollständig aus zu füllen. im Falle der Benutzung des Online- Tools, ist es nicht mehr nötig den Papierfragebogen bei der Zuständigen Personalstelle abzugeben. Da sich jeder Respondent mit seiner Firmen internen ID zu klassifizieren hat und auch sonst noch nie zu Problemen, bezogen auf die Erhebungsmodalitäten kam, ist die Erhebung weder an Räumliche noch an Zeitliche Erhebungsdeterminanten geknüpft. Alleinige Ausnahme, stellt der Erhebungszeitraum von zwei Wochen dar. Ferner handelt es sich um eine Primärstatistische Erhebung, da es nicht etwa zu einer Abteilungs oder auf einzelne Teams ausgerichtete Befragungen kommt, sondern letztlich der gesamte Betrieb teilnehmen wird. Konkrete Fragen zur

---

[19] Ebd. (2019), S. 470
[20] Kamps, U. (2018), S.1 Gabler online Wirtschaftslexikon
[21] Sibbertsen, P. Lehne, H. (2015), S. 328
[22] Vgl. Albers, S. Klapper, D. Konradt, U. Walter, A. Wolf, J. (2007), S. 139

Erfassung des Konstruktes samt den Dimensionen, wie auch Kategorien und letztlich Items inkludieren einen großen Teil der oben angeführten primären Literatur. Nach Döring vollzieht sich die Konzeptspezifikation eines Konstruktes mittels einer Bedeutungsanalyse der Nominaldefinition[23]. Der oben erwähnten Nominaldefinition den Nominaldefinitionen von Kauffeld und Schermuly folgend, finden bereits wichtige Aspekte Erwähnung.

So wird bereits hier die Wichtigkeit einer separaten Erfassung von Kognitionen und Emotionen deutlich, die in der Lage sein muss alle Facetten des Arbeitslebens abzudecken. Ebenso wichtig, ist es eine angemessene Skala zu finden, um die empfundene Zufriedenheit der Unzufriedenheit anzuführen, diesbezüglich stellt sich die Frage ob überhaupt die Zufriedenheit gemessen werden soll. Oder der von Herzberg geprägte Begriff, der nicht Unzufriedenheit herangezogen wird, was es letztlich ermöglicht die Dimensionsbildung in den oben beschriebenen Kontext und Kontent Faktoren zur Messung des Konstruktes aufzuteilen und somit einander gegenüberzustellen[24]. An die Annahmen der Bedeutungsanalyse schließt sich die Operationalisierung der Dimensionalen Analyse an, welche in einer Operationalen Definition mündet, so Döring und Bortz[25].

e. Wesentliche Bestandteile des quantitativen Fragebogens

Besteht der Aufbau eines Fragebogens im Normalfall ausfolgenden Bestandteilen[26]:
Titel: Dieser soll einen konkreten Hinweis auf das Erfragte Themengebiet suggerieren, wobei dieser den Respondent im Optimalfall zur Mitarbeit motiviert.
Ziel der Befragung/ Fragebogeninstruktion: auch als Instruktion betitelt, erklärt dem Versuchspartner im Detail, die Zielsetzung und den Ablauf des Fragebogens, enthält darüber hinaus Informationen zu verantwortlichen Kontaktpersonen, verwies auf incentivierung womit **Hinweise für Anreize gemeint ist** und das Hervorheben der Anwendungsrelevanz. **Fragebogenaufbau**: Es ist darauf zu achten, dass sich die Befragten gut in die Fragen und Fragenblöcke eindenken können, was eine übersichtliche Gestaltung voraussetzt. Gleiches gilt für die Antwort Formate, durch z.b. Verhinderung von Skalenpoolsprüngen. Zudem gilt es das Fragenniveaus der Hierarchie nach top down

---

[23] Vgl. Döring, N. Bortz, J. (2016), 8. Kapitel 3. Absatz
[24] Kauffeld, S. et al. (2018), S. 241
[25] Vgl. Döring, N. Bortz, J. (2016), 8. Kapitel 3. Absatz
[26] Vgl. Reinhardt, R. Ornau, F. (2015), 2. Kapitel 5. Absatz nach Porst, R. 2007, S. 31ff.

ansteigen zu lassen, um einen einfachen Einstieg zu gewährleisten. **Vertraulichkeitsklausel sowie Verwertung der Daten:** Der Respondent wird auf die Verwertung seiner Daten hingewiesen, in manchen Fällen benötigt der Forschende eine Vertraulichkeitseinwilligung, unterschieben vom Versuchspartner. **Hinweise bezüglich möglicher Rückfragen:** Oft wird gegen Ende des Fragebogens ein offenes Antwortfeld eingearbeitet. **Danksagung:** Vielen Dank für Ihre Teilnahme[27]. Eine Konkrete Einschätzung betreffend die Dauer und den Umfang des Fragebogens darf eine Maximale Bearbeitungsdauer von 20 Minuten aufweisen wobei er prinzipiell nicht mehr als zwölf Seiten haben sollte.so Reinhardt und Ornau[28].

C2

f. Erläuterung der Hypothesenarten sowie Messfehler

Nach Zinn liefert die Inferenzstatistik bzw. manchmal auch Induktive Statistik oder schließende Statistik genannt, Regeln und Verfahren wodurch es dem Forschenden ermöglicht wird, statistisch bedeutsame Differenzierungen in Bezugnahme auf Merkmalen von Stichproben durchzuführen. Hierzu benutzt die Inferenzstatistik sog. Statistische Hypothesen[29]. Bohndick unterscheidet hinsichtlich den im Rahmen des Inferenzstatistischen Testens etablierten Hypothesen vorwiegend zwischen der H0 (Nullhypothese) und H1…H2, H3 usw. (Alternativhypothese)[30]. Döring und Bortz sehen in diesen Behauptungen, bezüglich der Existenz, die Richtung und verschiedenen Arten von Effekten[31]. Die H0 wird dabei als jene konnotiert, welche Sachverhalte beschreibt, die nicht unseren Erwartungen entspricht und wir somit falsifizieren wollen. Die H1 hingegen beschreibt jene Sachverhalte, welche unseren Erwartungen entspricht, diese bezeichnet man als Forschungs oder Gegenhypothese und wird dann als gültig erachtet, wenn die bis dahin geltende H0 (falsifiziert) widerlegt wird, wichtig an dieser Stelle zu erwähnen ist es dem Gedanken von Karl Proppers kritischem Rationalismus zu folgen in welchem man nichts beweisen, sondern Behauptungen lediglich widerlegen kann so Reinhardt und Ornau[32]. Man unterscheidet zusätzlich zwischen Gerichteten und ungerichteten Alternativhypothesen, Bsph. Behauptet ein Beschäftigter, die AZ ist seit

---

[27] Vgl. Döring, N. Bortz, J. (2016), 10. Kapitel 38. Absatz in Tab. 10.11
[28] Vgl. Reinhardt, R. Ornau, F. (2015), 1. Kapitel 6. Absatz
[29] Vgl. Zinn, W. (2010), S. 3
[30] Vgl. Bohndick, C. (2014), 1. Kapitel 1. Absatz
[31] Vgl. Döring, N. Bortz, J. (2016), 5. Kapitel 2. Absatz
[32] Vgl. Reinhardt, R. Ornau, F. (2016), 2. Kapitel 58-59. Absatz

der Umstellung der Teambildungsmaßnahmen gestiegen, ist die Richtung der Hypothese vorgegeben. Eine ungerichtete Hypothese hingegen würde irgendeinen Unterschied postulieren, so würde der Angestellte behaupten, dass sich die neue Teambildungsmaßnahmen von dem alten Unterscheiden, jedoch keinen Bezug zu vergleichenden Werten herstellen[33]. Eine weitere Differenzierung geschieht in die Kategorie Zusammenhangshypothesen mittels Instrumente wie dem Chi-Quadrat-Test, dieses dient der Prüfung zwischen zwei Variablen auf Signifikanz. Bei der Kategorie Unterschiedshypothesen hingegen, welche man z.b. mittels z-Test,t-Test oder F- Test erhebt, überprüft der Forschende die sich signifikant unterscheidenden Parameter, diese können ggf. Mittelwerte repräsentieren[34]. Bei der Testung von Hypothesen kann man nach Hartmann und Lois zwei verschiedene Fehlerarten unterscheiden, diese sind der Alpha-Fehler (Fehler erster Art) und Beta-Fehler (Fehler zweiter Art)[35]. Beide Fehler basieren auf einer Fehlannahme, welche bei einer Fehlerhaften Deutung der Auswertung der Signifikanz, basierend auf einem Signifikanztest in Erscheinung tritt[36]. Von einem Fehler erster Art spricht man dann, wenn man eine richtige Hypothese zugunsten der Alternativhypothese ablehnt. Dagegen begeht man einen Fehler zweiter Art, wenn man eine falschen Nullhypothese beibehält. Somit kann man eine fälschliche Entscheidung zu Gunsten von H1 als Fehler erster Art, eine Falsche Entscheidung zugunsten von H0 als Fehler zweiter Art bezeichnen so Bortz und Schuster[37]. Ermöglicht werden solche Fehlentscheidung durch eine Fehlerhafte Schlussfolgerung, welche darin besteht bei der Auswertung eines statistischen Tests die Schlussfolgerung von einer konkreten Stichprobe auf die Grundgesamtheit zu Vollziehen. Als Praxisnahes Bsp. kann uns in diesem Fall jede Art von Zufallsgenerator dienen, der Anschaulichkeit halber nehmen wir eine Münze, die zehnmal hintereinander geworfen wird, wobei sie zehnmal hintereinander Kopf anzeigt. Nun würden die meisten Menschen intuitiv auf Pseudo Korrelationen Tippen, wenn nicht zumindest einen tieferen Sinn in diesen eigentlich vollkommen willkürlichen Ereignissen suchen. Wobei Signifikanz meint, dass die Person davon überzeugt ist, die Würfe geschahen nicht durch Zufall[38]. Um dies zu verhindern wurde die Konstruktion eines statistischen Tests um eine kleine Schranke im oberen

---

[33] Vgl. Bortz, J. Schuster, C. (2010), S. 98
[34] Vgl. Lutter, M. (2004), S. 38
[35] Vgl. Hartmann, F. G. Lois, D. (2015), S. 28
[36] Vgl. Schäfer, T. (2016), S. 254
[37] Vgl. Bortz, J. Schuster, C. (2010), S. 100
[38] Vgl. Budischewski, K. Ornau, F. (2016), 5. Kapitel 1. Absatz

Bereich ergänzt, welche in der Statistik als Signifikanzniveau bekannt ist so Fahrmeir, Heuman, Künstler, Pigeot und Tutz[39].

g. Schritte beim Durchführen einer Inferenzstatistischen Analyse in SPSS

Die zehn grundlegenden Schritte zum Durchführen einer Inferenzstatistischen Analyse nach Kuhlmei[40]: Der erste Schritt besteht darin, ein Komplex anmutende Frage in ihre Einzelteile zu zerlegen um diese auf konkrete einzelne Fragen hin zu untersuchen, der begleitende Prozess nennt sich Operationalisierung, worunter man das Messbar machen latenter Konstrukte versteht. Im zweiten Schritt wird dann die Wissenschaftliche Hypothese formuliert, welche jedoch noch keine allgemeingültigen statistische Aussagen zulässt und eher als Theoretische Aussage zu werten ist, denn dies geschieht im dritten Schritt bei der logischen Ableitung der statistischen Hypothesen H0 und H1 aus der wissenschaftlichen Hypothese. Es verhält sich nach ff. Konzept. Gerichteter Effekt = H1 ungerichteter Effekt = H0. Im vierten Schritt kommt es zur Festlegung des Signifikanzniveau= α wobei auf oben angeführte Werte zu achten ist 0.5 bzw. 0,1 bei wichtigen Entscheidungen. Im fünften Schritt vollzieht man die Datenerhebung. Wird auf SPSS zurückgegriffen, werden die Daten automatisch in Datentabellen zusammengestellt. Im sechsten Schritt kommt es mittels SPSS zur Bestimmung der Operanten, im Falle des T- Tests wird also der Mittelwert ermittelt. Die in Schritt sieben werden die Hypothesen vorbetrachtet, dh. es kommt zur selektiven Hypothesenprüfung. Schritt acht ist zumindest in SPSS ein automatisches Verfahren in welchem geprüft wie hoch die Irrtumswahrscheinlichkeit ist p. Somit kommt es dann im neunten Schritt zur Entscheidungsfindung wobei folgende Strategien zu Anwendung findet. Wenn P $<\alpha$ dann kommt es zur Ablehnung der Nullhypothese, Wenn p$>$_α wird die Nullhypothese beibehalten, zumindest vorläufig. Im zehnten und letzten Schritt finden die Entscheidungen, welche im Rahmen der Hypothesenentscheidung getroffen werden, eine ausführliche Darstellung[41].

---

[39] Vgl. Fahrmeir, L. Heumann, C. Künstler, R. Pigeot, I. Tutz, G. (2016), S.386
[40] Vgl. Kuhlmei, E. (2018), S. 76
[41] Vgl. Schäfer, T. (2016), S. 10-11

h. Erörterung des T- Tests

Wie Oben bereits angeführt, dient die induktive Statistik vor allem dazu Entscheidungen zu treffen, diese sind nicht selten von großer Tragweite in diesem Fall sollte vom Forschenden ein Signifikanzniveau festgelegt werden welches $\alpha= 0,01$ entspricht[42]. Hierzu werden aus sog. Stichproben Rückschlüsse auf die Zufallsexperimente gezogen, aus welchen diese entstanden sind. Wichtig zu erwähnen ist, dass eben jener Zufallsfaktor der Stichprobe, meist keine signifikanten Aussagecharakter über die Grundgesamtheit, aus welcher er gezogen wird, beibehalten, da schlicht nicht auf alle Daten dieser zurückgegriffen werden kann. Hieraus entstehen Fragen, welche sich durch ihre Struktur in ihrem Kern voneinander unterscheiden und den Forschenden vor ein Problem stellen. Nämlich das Problem in einer gegebenen Situation das richtige Verfahren zu wählen[43]. Der T-Test stellt ein wichtiges Instrument zum Testen einer Hypothese dar, wobei sich dieser in zwei verschiedene Arten einteilt. Die erste Variante des Tests, nennt sich 1-Stichproben Test und ist die in der Forschungspraxis eher selten anzutreffen, da man hierfür spezifische Aussagen bezüglich den Populationsparametern benötigt und solche Aussagen relativ schwer zu rechtfertigen sind. Deshalb wird der T-Test häufiger dazu verwendet verschiedene Gruppen bzw. Populationen miteinander zu vergleichen. Dieses Verfahren ist um den Umstand erleichtert, dass es hierfür nun keine spezifische Aussage mehr benötigt, sondern sich mit einer relativen befriedet[44]. Wichtig zu erwähnen ist, dass egal welches Verfahren zur Anwendung kommt, der Grundgedanke des T-Test immer jener ist, zwei Mittelwerte miteinander zu vergleichen. Dabei können die Mittelwerte entweder aus abhängigen oder unabhängigen Stichproben stammen, ferner kann man auch einen Mittelwert gegen einen theoretisch zu erwartenden Mittelwert, sowie alle anderen T- verteilten Verfahren testen, z.b. den Korrelationskoeffizienten[45]. Als wesentliche Voraussetzung zur Durchführung eines T- Tests bzw. Signifikanztests gilt nach Schäfer zumindest, was den Mittelwertvergleich von unabhängigen Stichproben angeht, dass sich diese tatsächlich in keinerlei Weise gegenseitig beeinflussen. Eine weitere elementare Voraussetzung stellt die Normalverteilung der Messwerte dar, nicht

[42] Vgl. Bortz, J. Schuster, C. (2010), S. 101
[43] Vgl. Christensen, B. Christensen S. Missong, M. (2019), S. 126
[44] Vgl. Bortz, J. Schuster, C. (2010), S. 117
[45] Vgl. Schäfer, T. (2016), S. 205

selten kann diese auch schief sein. In so einem Fall macht es keinen Sinn eine T-Verteilung als Prüfverteilung zu akquirieren[46].

i. Beschreibung der Stichprobe Alter und Geschlechtsverteilung mittels SPSS

Die Variablenerfassung im Datensatz ZA5634 bezogen auf die Variablen Geschlecht (geschl) und Alter (alter) geschah unter folgenden Bedingungen, wobei auch eine Definition fehlender Werte vorgenommen wurde.

Alter: Typ numerisch; Variablenlabel: „Alter (in Jahren)"; fehlende Werte: 0

Geschlecht: Typ numerisch, Variablenlabel „Geschlecht", Wertelabel: 2=weiblich, 1=männlich; fehlende Werte: 0.

Eine Deskriptive Beschreibung der beiden Datensätze Alter und Geschlecht ergab im Rahmen der Deskriptiven Analyse folgende Bezugspunkte. Aus der Häufigkeitstabelle konnten folgende Daten entnommen werden. Insgesamt nahmen n = 5496 Personen an den

Geschlecht

		Häufigkeit	Prozent	Gültige Prozente	Kumulierte Prozente
Gültig	Männlich	2434	44,3	44,3	44,3
	Weiblich	3062	55,7	55,7	100,0
	Gesamt	5496	100,0	100,0	

Tab. 2. Analyse der Teilnehmenden nach Gesch. Datensatz ZA5634 Quelle: Eigene Darstellung

Untersuchungen Teil, wobei alle Teilnahmen als gültig zu erachten sind. Die Geschlechterverteilung der Respondenten liegt bei 2434 männlichen Teilnehmern, dies entspricht 44,3 % der Gesamtpopulation. Die Frauen waren in dieser Stichprobe mit 3062 also 55,7 % Teilnehmenden quantitativ deutlich besser vertreten. Der Mittelwert der beiden Antwortkategorien 1 männlich 2 weiblich beträgt 1,56 bei einer Std. Abweichung von 0,497. Hinsichtlich des Alters konnte ein

---

[46] Vgl. ebd. (2016), S. 215

Deskriptive Statistik

	N	Minimum	Maximum	Mittelwert	Std.- Abweichung
Geschlecht	5496	1	2	1,56	,497
Alter	5481	14	79	44,17	10,947
Gültige Werte (Listenweise)	5481				

Tab. 3. Datensatz ZA5634 Deskriptive Analyse Min. Max. Quelle: Eigene Darstellung in SPSS

Minimalwert von 14 sowie ein Maximum von 79 Jahren ermittelt werden, da es sich bei den Angaben zum alter letztlich um offene Fragen handelte, ist der Prozentsatz von fehlenden Fällen, welcher hier immerhin N= 15 also 0,3% beträgt nicht auf die Begrenzung des Skalierungsniveaus zurückzuführen. Wahrscheinlicher ist, dass die 15 befragten Personen ihr Alter aus individuellen Gründen nicht preisgaben, oder aber das Feld übersehen haben. Der Mittelwert des Alters der Teilnehmer kumuliert in der Stichprobe bei 44,17 bei einer Standardabweichung von 10,947. Bei einer Geschlechterspezifischen Trennung durch die Operation Daten / Datei aufteilen *Trennung nach Geschlecht. Kann man den Weiblichen Teilnehmern ein Durchschnittsalter von 44,41 Jahren entnehmen, die männlichen Teilnehmer sind mit 43,81 insignifikant jünger. Sehe Tab. 2

Geschlecht = Männlich

Statistiken[a]

		Geschlecht	Alter
N	Gültig	2434	2428
	Fehlend	0	6
Mittelwert		1,00	43,88
Median		1,00	45,00
Modus		1	44

a. Geschlecht = Männlich

Geschlecht = Weiblich

Statistiken[a]

		Geschlecht	Alter
N	Gültig	3062	3053
	Fehlend	0	9
Mittelwert		2,00	44,41
Median		2,00	46,00
Modus		2	50

a. Geschlecht = Weiblich

Tab.4. Datensatz ZA5634 Geschlechterspezifische Trennung der Analysedaten Altr. und Ges. Quelle: Eigene Darstellung in SPSS

17

j. Darstellung der deskriptiven Variablen in SPSS

Wie dem unten Kreisdiagramm in Abb. 1 zu entnehmen ist, zeigt die Stichprobe N= 5222 bezogen auf die Branchenverteilungen, dass die meisten Respondenten im Bereich Verwaltung Bildung und Erziehung tätig sind n= 1.134. Nur ein geringer Teil ist dagegen in der Landwirtschaft tätig 172. Das Diagramm macht jedoch keine Aussagen darüber in welchen Branchen, die hier nicht erfassten Respondenten ihre Tätigkeiten ausüben subtrahiert man von der Teilnehmerzahl N= 5496 die Aussagen bezüglich der Branchenzugehörigkeit N= 5222, erhält man einen Restwert von N= 274. Um diese Werte ebenfalls zu erfassen hätte es eine weitere Kategorie, mit dem Variablen Namen Sonstige erstellt werden können. Hier nun eine Branchenauflistung nach Größe mit der Zusatzkategorie. In der Fragebogeskala wurde der Wert mit -1, nicht eindeutig zuordenbar belegt, Da es keinen Sinn macht diesen Wert ins Minus zu skalieren, ist er im unteren Diagramm Abb.2. somit nicht ins Negative gerichtet und reiht sich in die anderen positiv Skalierungen ein, es kam lediglich zu einer Änderung des Variablennamens von nicht   eindeutig   zuordenbar   zu   Sonstige.

| Diagramm |

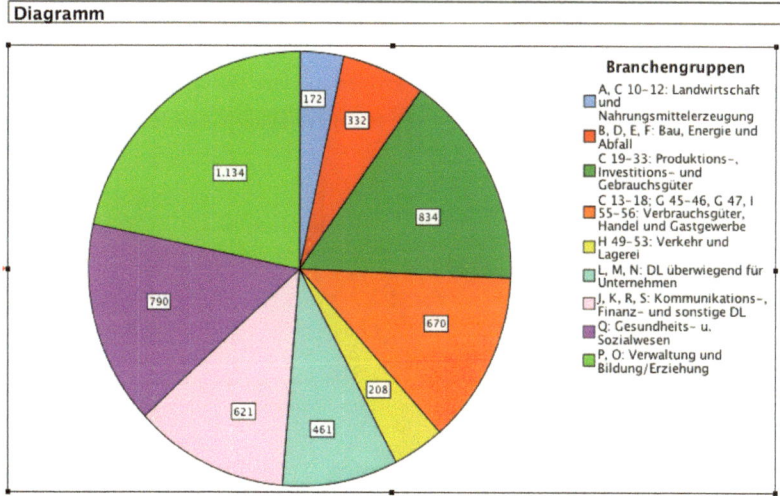

Abb. 1. Datensatz ZA5634 Kreisdiagramm zur Bestimmung der Branchen Quelle: eigene Darstellung

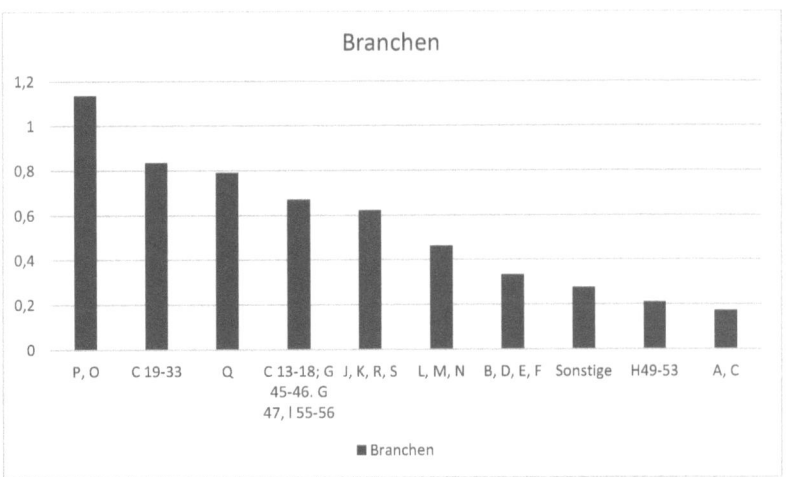

Abb. 2. Datensatz ZA5634 Balkendiagramm zur Ordnung der Branchen Quelle: eigene
Darstellung

Das Histogramm setzt sich aus drei Dimensionen, nämlich den Variablen A201
(Beschäftigungsstand), A206 (Bürotätigkeit) und A208 (öffentlicher Dienst) zusammen.
Diese Art von Diagramm ist gut dafür geeignet, um eine schnelle Übersicht über die die
ausgewählten Deskriptive Werte der einzelnen Variablen über die Geforderten
Beziehungen zu geben , hier kam es zu einer Darstellung von Häufigkeiten, welche
mittels Darstellung eines Normalverteilungsgraphen Visualisierung finden.

➔ Diagramm

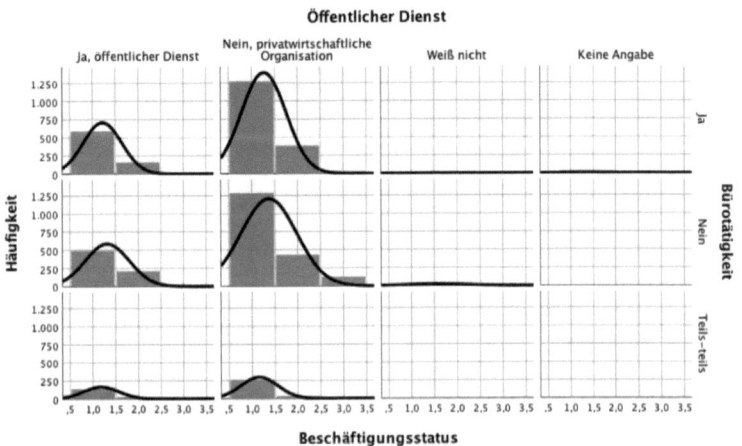

19

Der Index zur Erfassung der physischen Belastungen/ Gefährdungen skaliert anders als des folgenden Verhaltens und Privatlebens Parameter nicht auf einer 1 bis 9 Skala, sondern erscheint in der SPSS-Datei erstmals als undefinierte Variable, welche zwar als Messniveau eine Skalierung beherbergt, diese jedoch keine Definition beinhält. Stattdessen bekommt man bei der Ausgabe Den Wert ,00 was 0 als Minimum definiert und ein Maximum, welches sich 3,00 beträgt. Die Spannweite ist somit 3,00 wobei der Tabelle oben ein Statistischer Mittelwert von 0,8305 zu entnehmen ist, bei einer statistischen Abweichung von 0,78938. Wie der tab. 5 zu entnehmen ist hält schwankt der Mittelwert der einzelnen Items, so enthält das Item A701B den höchsten Mittelwert von 2,39 der niedrigste Mittelwert ist in Item A701A enthalten. Bei einer Spanweite von acht ergeben sich für die Items A701A bis A703 C somit ein min von eins wobei neun das max. bildet. Auch bei der Std. Abweichungen kann man heterogene Variationen erkennen, so enthält A703 C eine niedrigere std. Abw. Als zb. A701C.

Deskriptive Statistik

	N Statistik	Spannweite Statistik	Minimum Statistik	Maximum Statistik	Summe Statistik	Mittelwert Statistik	Std.-Fehler	Std.-Abweichung Statistik	Varianz Statistik	Schiefe Statistik	Std.-Fehler	Kurtosis Statistik	Std.-Fehler
Index physische Belastungen/Gefährdungen	5494	3,00	,00	3,00	4562,97	,8305	,01065	,78938	,623	,858	,033	-,198	,066
Verhalten: Halte mich an geltende Sicherheits- und Gesundheitsvorschriften	5496	8	1	9	8711	1,58	,015	1,090	1,187	4,562	,033	26,101	,066
Verhalten: Mache Vorschläge, wie sich Sicherheit und Gesundheitsschutz verbessern lassen	5496	8	1	9	13133	2,39	,017	1,228	1,508	1,688	,033	6,313	,066
Verhalten: Greife ein, wenn sich andere sicherheitswidrig verhalten	5496	8	1	9	10924	1,99	,019	1,405	1,975	2,958	,033	10,695	,066
Verhalten: Fühle mich mitverantwortlich für Sicherheit und Gesundheitsschutz	5496	8	1	9	9736	1,77	,015	1,076	1,159	2,933	,033	14,288	,066
Privatleben: Wahrnehmung medizinischer Vorsorgeuntersuchungen	5496	8	1	9	9842	1,79	,013	,971	,943	1,672	,033	6,132	,066
Privatleben: Sport/körperliche Aktivitäten	5496	8	1	9	10695	1,95	,013	,988	,977	,975	,033	1,899	,066
Privatleben: Ausgewogene Ernährung	5496	8	1	9	10391	1,89	,012	,871	,758	2,044	,033	11,737	,066
Gültige Werte (Listenweise)	5494												

Tab.5 Quelle: Datensatz ZA5634

k. Wahl der Inferenzstatistische Analysen in SPSS

Die Wahl des Inferenzstatistischen Verfahrens hängt von einigen Faktoren ab welche, i.d.R. mittels Entscheidungen in einem induktiven Verfahren unter Einbezug eines Entscheidungsbaums man nennt einen solchen auch Auswahlschema einer Selektion hin zum Verfahren der anzuwendenden Methode, hinsichtlich eines kriterialen Ausschlusses vollzieht. Die wichtigsten Entscheidungskriterien sind nach Kuhlmei folgende[47]: Inhaltliche (die Fragestellung betreffende) Variablenanzahl (1, 2, > 2), Skalenniveau (Nominalskala, Ordinalskala, Intervallskala), da nicht jeder Test für Jede Art von Skalierung geeignet ist, so ist die abh. Var. Des bsp. Intervallskaliert. Stufenanzahl (2, $\geq$ 2) für die nominalskalierten Variablen, Abhängigkeit (Nein, Ja) für die nominalskalierten Variablen. Um eine Entscheidung für die Auswahl des richtigen Verfahrens bezogen auf die Testung der Unterschiede der Variablenstärke der physischen Belastung (inphys) in Abhängigkeit der Mitarbeiter von ihren Beschäftigungsvariablen (A201, A206 und A208) zu testen gilt es vorerst die ungerichtete Unterschiedshypothesen zu formulieren, da hier ja auf Unterschiede und nicht etwa auf Zusammenhänge getestet werden soll so Bohndick. Diese lauten verallgemeinert H0= $(M_J \neq M_M)$ Die Stärke der abhängigen Variablen physischen Belastung (inphys) bezogen auf die Beschäftigungsvariablen (A201, A206 und A208) unterschiedet sich nicht signifikant. H1= $(M_J = M_M)$ Es gibt eine Signifikanz bei der Stärke des Unterschiedes der abhängigen Variable (inphys) auf die unabhängigen Variablen (A201, A206 und A208). Zu beachten ist, dass die abh. Var. (inphys) einer Intervallskalierung unterliegt, die unabh.- Var. Jedoch Nominalskaliert ist[48]. In Anbetracht der Normalverteilung, welche durch den Umfang der Stichprobe sichtbar gewährt ist, sowie der Tatsache, dass die unabh. Var. Eine Ausprägung besitzt, welche nicht etwa aus zwei Ausprägungen, sprich einem doppelten Faktor besteht, bsph. (männlich, weiblich), sondern drei Faktoren besitzt (voll erwerbstätig, in Teilzeit beschäftigt und als Mini- Jobber bzw. auf 400- Euro- Basis beschäftigt), eine solche Ausprägung wird als dreifach gestufter Faktor bezeichnet[49]. Bei einer Solchen kommt der t- Test nicht mehr in Frage. Das richtige Verfahren, um die Unterschiede der Variablen zu prüfen ist somit die Einfaktorielle univariate Varianzanalyse, so Budischewski und Ornau[50].

I. Auswertung der Einfaktoriellen univariaten Varianzanalyse

Mittels Durchführung einer Einfaktoriellen univariaten Varianzanalyse im Programm SPSS (sehe Anhang) wurden die drei Hypothesen überprüft, dass sich die physische

---

[47]Vgl. Kuhlmei, E. (2018), S.67
[48] Vgl. Bohndick, C. (2014), 1. Kapitel. 1. Absatz.
[49] Vgl. Bortz, J. Schuster, C. (2010), S. 205
[50] Vgl. Budischewski, K. Ornau, F. (2016), 4. Kapitel 3. Absatz

Belastung (inphys) der Respondenten hinsichtlich ihrer Abhängigkeit auf verschiedenen Determinanten bezogen auf die Beschäftigungsvariablen (A201, A206 und A208) nicht unterscheidet. Hinsichtlich der Größe der Stichproben, sind Tests auf Varianzgleichheit normalerweise überflüssig, ergaben hier aber F-Werte von 6,5 1189,9 24,670 bei p= 0,00 ≈ 00,1. Es kann also von Varianzhomogenität in den Gruppen ausgegangen werden. Die Alternativhypothesen sind somit vorerst als gültig zu erachten. Diese lauten wie folgt, es gibt eine Signifikanz bei der Stärke des Unterschiedes der abhängigen Variable (inphys) auf die unabhängigen Variablen (A201, A206 und A208). Die im Anschluss durchgeführten Gruppenvergleiche mit Bonferroni-Korrektur ergaben bei A201 eine fehlende signifikante Differenz lediglich zwischen den Gruppen in Teilzeit beschäftigt und als Minijober bzw. auf 400 Euro tätig, die restlichen Gruppen differenzieren sich signifikant. Bei A206 differenzieren sich hingegen alle Gruppen signifikant. Die Werte von A208 liegen alle über 0,05 was auf fehlende Signifikanz hinweist.

m. Ermittlung der Konstrukt Reliabilität mittels Cronbachs Alpha

bei der Auswertung kann nach Leiner durch das Heranziehen des Cronbachs Alpha (α), welcher auch als Reliabilitätskoeffizient bekannt ist die Güte, sprich Reliabilität einer Skala belegt werden, wobei der Wert auch bei der Verbesserung mittels Entfernen oder aber beibehalten einzelner Faktoren Aussagen trifft. Dabei ist im Voraus darauf zu achten, dass diese inhaltlich das gleiche Konstrukt messen, dh. eine reflexive Messung betreiben, da er keine Aussagen über Kontextbezogene Zusammenhänge tätigt[51]. Eine weitere Voraussetzung betrifft die einheitliche Polung der Skalenfragen, welche in diesem Fall ebenfalls gegeben ist, was der Variablenansicht im Reiter Werte A701A bis A703C nachzuprüfen ist[52]. Wie der Rechnung in Abb. 4 zu entnehmen ist, kann durch die Reliabilitätsanalyse der Faktoren ein Cronbachs Alpha von ,627 nachgewiesen werden, wobei er diesen Wert aus dem reliabilitätsvergleich von sieben Items erhält. In der Literatur wird auf einen Cronbachs Alpha Schwellenwert von 0,7 verwiesen, welcher für eine Konsistente Skala vorausgesetzt werden sollte[53]. Wie der Abbildung ebenfalls zu entnehmen ist, sinkt die Reliabilität durch das Entfernen der Faktoren, die einzige Ausnahme stellt der Faktor Privatleben Sport / körperlich Freizeit in der sechsten Zeile

[51] Vgl. Leiner, D. J. (2016), S. 1
[52] Vgl. Budischewski, K. Ornau, F. (2016) 10. Kapitel 2. Absatz
[53] Vgl. Schrecker, H. (2014), S. 3

enthalten in der Item-Skala-Statistik dar wird dieser entfernt steigt der Wert um marginale 0,06.

n. Abschließende Diskussion und Fazit zur Evaluation der erhobenen Werte

Wie bereits erwähnt, liegt der α mit ,627 unter der Konsistenzgrenze, damit besteht kein starker korrelativer Zusammenhang. Dennoch kann die Skala für bestimmte Zwecke genutzt werden, nach Schrecker ist der Zusammenhang zwischen der Item Zahl, der zugrundeliegenden Interkorrelationsmatrix und dem α-Koeffizienten ein komplexes Zusammenspiel, gerade deshalb spricht der Koeffizient nicht für einen Fachdidaktisch gut strukturierten Test was bedeutet, es sollte diesem Wert nicht zu viel beigemessen werden, da er nichts über die Korrelation auf der Item Ebene aussagt oder auf eine Homogene Skalierung hindeutet[54]. Ähnlich positionieren sich Moosbrugger und Kelava nach welchen die Evaluation der Reliabilität nicht allein von der Erhebung des α-Koeffizienten abhängen sollte. Sie Erläutern diesbezüglich folgende Faktoren, welche bei der Bewertung einer Skala hin auf ihre Reliabilität Beachtung finden sollen[55]: Die Art des zu erfassenden Merkmals sowie die der Vergleich mit Konkurrierenden Verfahren. Damit meinen sie, dass es leichter ist Leistungsvariablen zu Messen als jene im Temperamentsbereich oder Einstellungen. Zudem darf eine Korrelation nicht als Bestätigung der Eindimensionalität gewertet werden, da die interne Konsistenz auch bei Messungen bezogen auf mehrdimensionale Merkmale hoch sein kann. Weiter Unterscheiden sie die Messung bei Individual- versus Kollektivdiagnostischen Verfahren, sowie die generellen Einsatzbedingungen des Testverfahrens z.B. für Screening-Zwecke. Ein letzter Kritik Punkt an der Nützlichkeit der Skalen sind die niedrigen Trennschärfe Werte, zu finden in der Spalte Korrigierte Item- Skala-Korrelation. Nach Budischewski und Ornau sind Items dann zu entfernen, wenn sich dieser Wert unter .30 hält und es somit zu einer Erhöhung des Cronbachs Alpha in der nächsten Spalte kommt[56]. Diesem Gedanken folgend erhöht sich die Reliabilität der Skala durch das Weglassen der Items Privatleben Wahrnehmung Medizinische Versorgungsuntersuchungen und Privatleben ausgewogene Ernährung.

---

[54] Vgl. ebd. (2014), S. 6
[55] Vgl. Moosbrugger, H. Kelava, A. (2012), S. 135
[56] Vgl. Budischewski, K. Ornau, F. (2016), 10. Kapitel 2. Absatz

Lernreflexion

Die erste Aufgabe war sehr angenehm, Die Literaturrecherche verlief ohne Komplikationen, es gibt genug Modelle der Arbeitszufriedenheit sehe oben. Interessant war die Bearbeitung des Mittelteils, also C2. Im weiteren Verlauf meiner Recherchen, half mir dieses Verständnis bei der Planung und Durchführung einer Infarenzstatistischen Analyse, beruhend auf einem in den empirischen Wissenschaften fest etablierten Datenanalysesystem (SPSS) und abgesehen davon von IBM entwickelt. Es hat Spaß gemacht verschiedene Analysen durchzuführen. Es war glaube ich vieles dabei, also Statistische Grundkenntnisse sind ja so eine Sache für sich. Tatsächlich interessant ist, dass man die Daten auch in Programmierprogrammen benutzten kann, also bsph. Verknüpfung mit Python dem Programmierprogramm. Namengeber dieses Programmes bezieht sich auf Monthey Pythons Komiker Gruppe, welche in den sehr bewegten siebziger Jahre mittels einzigartigen britischem Humor die Herzen ihres Publikums für sich gewannen, Filme wie Ritter der Kokosnuss oder das Leben des Brian gelten bis heute als Zeitlose Klassiker. Im Teil C3 muss ich zuertsteinmal darauf hinweisen, dass es etwas anderes ist ein Statistisches Programm zu lernen und anzuwenden in welchem das Auslesen deskriptiver Statistiken und die anschließende visuelle Darstellung über visuelle Diagramme zu vollziehen ist, als eine normale Recherche zu betreiben, aber z.G. habe ich schon relativ früh in meinem Leben damit begonnen Programme zu Lernern. Als nützliches und unverzichtbares Werkzeug zur Bestimmung des richtigen Verfahrens erwiesen sich die verschiedenen Entscheidungsbäume, von welchen dem Forschenden anhand der gegebenen Bedingungen Ableitungen zu den benötigten Verfahren Gewähren als Bsp. zu nennen ist die oben beschriebene Verwerfung des t- Tests und die Berechnung der Signifikanz über die Einfaktorielle univariate Varianzanalyse. Die Bestimmung des Reliabilitätskoeffizienten über Cronbachs Alpha war ebenfalls ein wichtiger Bestandteil dieser Ausarbeitung.

Literaturverzeichnis

Albers, S. Klapper, D. Konradt, U. Walter, A. Wolf, J. (2007), Methodik der empirischen Forschung (Hrsg.) Gabler Verlag, Wiesbaden. ISBN 978-3-8349-9121-8 DOI 10.1007/978-3-8349-9121-8

Bohndick, C. (2014), Forschen im Praxissemester- Überblick, Methoden, Beispiele- Inferenzstatistik (Hrsg.) Uni-Paderbon. https://blogs.uni-paderborn.de/fips/2014/11/26/inferenzstatistik/ Zugriff am 29.6.2020

Bortz, J. Schuster, C. (2010), Statistik für Human- und Sozialwissenschaftler 7. Aufl. (Hrsg.) Springer Verlag, Berlin, Heidelberg. ISBN 978-3-642-12769-4

Christensen, B. Christensen, S. Missong, M. Statistik klipp & klar (Hrsg.) Springer Gabler Wiesbaden. ISBN 978-3-658-27217-3 DOI 10.1007/978-3-658-27218-0

Döring, N. Bortz, J. (2016), Forschungsmethoden und Evaluation in den Sozial- und Humanwissenschaften 5. Aufl. (Hrsg.) Springer- Verlag, Berlin. ISBN 978-3-642-41089-5 DOI 10.1007/978-3-642-41089-5

Einramhof, H. F. (2017), Die Arbeitszufriedenheit der Generation Y – Lösungsansätze für erhöhte Mitarbeiterbindung und gesteigerten Unternehmenserfolg (Hrsg.) Springer Fachmedien, Wiesbaden. ISBN 978-3-658-15157-7 DOI 10.1007/978-3-658-15158-4

Fahrmeir, L. Heumann, C. Künstler, R. Pigeot, I. Tutz, G. (2016), Statistik Der Weg zur Datenanalyse 8. Aufl. (Hrsg.) Springer Verlag, Berlin, Heidelberg. ISBN 978-3-662-50371-3 DOI 10.1007/978-3-662-50372-0

Haller, S. Wissing, C. (2020), Dienstleistungsmanagement Grundlagen- Konzepte- Instrumente 8. Aufl. (Hrsg.) Springer Fachmedien, Wiesbaden. ISBN 978-3-658-28508-1 https://doi.org/10.1007/978-3-658-28509-8

Hartmann, F. G. Lois, D. (2015), Hypothesen Testen Eine Einführung für Bachelorstudierende sozialwissenschaftlicher Fächer (Hrsg.) Springer Gabler, Wiesbaden. ISBN 978-3-658-10461-0 DOI 10.1007/978-3-658-10461-0

Hofbauer, R. Schwingsmehl, M. (2017), Bedeutet hohe Arbeitszufriedenheit, dass die Arbeitsbedingungen gut sind ? (Hrsg.) Momentum Quarterly Zeitschrift für Sozialen Fortschritt Vol. 6, No. 2 p. 85-106 ISSN 2226-5538 DOI 10.15203/momentumquarterly.vol6.no2.p85-106

Kauffeld, S. (2018), Arbeits-, Organisations- und Personalpsychologie für Bachelor 3. Aufl. (Hrsg.) Simone Kauffeld, Technische Universität Braunschweig ISBN 978-3-662-56012-9 https://doi.org/10.1007/978-3-662-56013-6

Kuhlmei, E. (2018), Lerne mit uns Statistik! Drei Studis erklären statistische Verfahren und ihre SPSS- Anwendungen (Hrsg.) Springer- Verlag GmbH Deutschland. ISBN 978-3-662-56081-5 DOI 10.1007/978-3-662-56082-2

Leiner, D. J. (2016), Cronbachs Alpha sinnvoll einsetzen www.dominik-leiner.de/alpha.pdf abgerufen am 6.7. 2020

Lutter, M. (2004), Sozialwissenschaftliche Methoden und Statistik I- Skript zum SMS I Tutorium (Hrsg.) Universität Duisburg. https://www.mpifg.de/people/lm/downloads/Skript_SMSI_Teil2.pdf

Moosbrugger, H. Keleva, A. (2012), Testtheorie und Fragebogenkonstruktion 2. Aufl. (Hrsg.) Springer- Verlag, Berlin, Heidelberg. ISBN 978-3-642-20071-7 DOI 10.1007/978-3-642-20072-4

Nerdinger F. W. (2014), Arbeits und Organisationspsychologie 3. Aufl. (Hrsg.) Springer- Verlag Berlin Heidelberg ISBN 978-3-642-41129-8 DOI 10.1007/978-3-642-41130-4

Nerdinger F. W. (2019), Arbeits und Organisationspsychologie 4. Aufl. (Hrsg.) Springer- Verlag Berlin Heidelberg ISBN 978-3-662-56665-7 DOI 10.1007/978-3-662-56666-4

Reinhardt, R. Ornau, F. (2015), Fragebogentechnik Titel -Nr. 1001-02 2. Aufl. (Hrsg.) SRH-Fernhochschule The Mobile University, Riedlingen.

Reinhardt, R. Ornau, F. (2015), Grundlagen der Empirischen Sozialforschung Titel -Nr. 1001-03 3. Aufl. (Hrsg.) SRH-Fernhochschule The Mobile University, Riedlingen.

Schäfer, T. (2016), Methodenlehre und Statistik- Einführung in Datenerhebung, deskriptive Statistik und Inferenzstatistik (Hrsg.) Kritz, J. Osnabrück, Deutschland Verl. Springer Fachmedien, Wiesbaden. ISBN 978-3-658-11935-5 DOI 10.1007/978-3-658-11936-2

Schrecker, H. (2014), Überprüfng der Konsistenz von Itemgruppen mit Cronbachs alpha. In Krüger, D. Parchmann, I. Schrecker, H. Methoden in der naturwissenschaftsdidaktishen Forschung chapter online- Zusatzmaterial https://www.researchgate.net/profile/Horst_Schecker/publication/313220515_Uberpruf ung_der_Konsistenz_von_Itemgruppen_mit_Cronbachs_alpha/links/58930007aca272f9 a558c989/Ueberpruefung-der-Konsistenz-von-Itemgruppen-mit-Cronbachs-alpha.pdf Zugriff am 6.7.2020

Sibbertsen, P. Lehne, H. (2015), Statistik Einführung für Wirschafts- und Sozialwissenschaftler 2. Aufl. (Hrsg.) Springer. Verlag, Berlin, Heidelberg. ISBN 978-3-662-46234-8 DOI 10.107/978-3-662-46235-5

Wiese, B. S. Stertz, A. M. (2019), Arbeits- und Organisationspsychologie ein Überblick für Psychologiestudierende und- interessierte (Hrsg.) Springer-Verlag, Berlin. ISBN 978-3-622-58055-4 https://doi.org/10.1007/978-3-662-580561

Vom Holtz, R. Freiherr (1998): Der Zusammenhang zwischen Mitarbeiterzufriedenheit und Kundenzufriedenheit. (Hrsg.) FGM-Verl. München. ISBN 3-921953-49-9

Zinn, W. (2010), Grundlagen der Inferenzstatistik (Induktive Statistik oder schließende Statistik) (Hrsg.) Forschungsgruppe Metrik- Damm Deringer & Zinn GbR. https://media.metrik.de/videos/Misc/Statistik2.pdf Zugriff am 29.6.2020

Anhang:

Einfaktorielle ANOVA

Index physische Belastungen/Gefährdungen

	Quadratsumme	df	Mittel der Quadrate	F	Signifikanz
Zwischen den Gruppen	30,482	2	15,241	24,670	,000
Innerhalb der Gruppen	3392,297	5491	,618		
Gesamt	3422,778	5493			

Post-Hoc-Tests

Mehrfachvergleiche

Abhängige Variable: Index physische Belastungen/Gefährdungen
Bonferroni

(I) Beschäftigungsstatus	(J) Beschäftigungsstatus	Mittlere Differenz (I-J)	Std.-Fehler	Signifikanz	95%-Konfidenzintervall Untergrenze	Obergrenze
voll erwerbstätig	in Teilzeit beschäftigt	,14840*	,02537	,000	,0876	,2092
	als Mini-Jobber bzw. auf 400-Euro-Basis beschäftigt	,26862*	,06035	,000	,1241	,4132
in Teilzeit beschäftigt	voll erwerbstätig	-,14840*	,02537	,000	-,2092	-,0876
	als Mini-Jobber bzw. auf 400-Euro-Basis beschäftigt	,12022	,06310	,170	-,0309	,2713
als Mini-Jobber bzw. auf 400-Euro-Basis beschäftigt	voll erwerbstätig	-,26862*	,06035	,000	-,4132	-,1241
	in Teilzeit beschäftigt	-,12022	,06310	,170	-,2713	,0309

*. Die Differenz der Mittelwerte ist auf dem Niveau 0.05 signifikant.

Abb. 4. Einfaktorielle Varianzanalyse A 201 Quelle: Eigne Darstellung

Einfaktorielle ANOVA

Index physische Belastungen/Gefährdungen

	Quadratsumme	df	Mittel der Quadrate	F	Signifikanz
Zwischen den Gruppen	1034,937	2	517,469	1189,954	,000
Innerhalb der Gruppen	2387,841	5491	,435		
Gesamt	3422,778	5493			

Post-Hoc-Tests

Mehrfachvergleiche

Abhängige Variable: Index physische Belastungen/Gefährdungen
Bonferroni

(I) Bürotätigkeit	(J) Bürotätigkeit	Mittlere Differenz (I-J)	Std.-Fehler	Signifikanz	95%-Konfidenzintervall Untergrenze	Obergrenze
Ja	Nein	-,90118*	,01860	,000	-,9457	-,8566
	Teils-teils	-,64424*	,03345	,000	-,7243	-,5641
Nein	Ja	,90118*	,01860	,000	,8566	,9457
	Teils-teils	,25694*	,03331	,000	,1772	,3367
Teils-teils	Ja	,64424*	,03345	,000	,5641	,7243
	Nein	-,25694*	,03331	,000	-,3367	-,1772

*. Die Differenz der Mittelwerte ist auf dem Niveau 0.05 signifikant.

Abb. 5. Einfaktorielle Varianzanalyse A 206 Quelle: Eigne Darstellung

Einfaktorielle ANOVA

Index physische Belastungen/Gefährdungen

	Quadratsumme	df	Mittel der Quadrate	F	Signifikanz
Zwischen den Gruppen	12,240	3	4,080	6,568	,000
Innerhalb der Gruppen	3410,538	5490	,621		
Gesamt	3422,778	5493			

Post-Hoc-Tests

Mehrfachvergleiche

Abhängige Variable: Index physische Belastungen/Gefährdungen
Bonferroni

(I) Öffentlicher Dienst	(J) Öffentlicher Dienst	Mittlere Differenz (I-J)	Std.-Fehler	Signifikanz	95%-Konfidenzintervall Untergrenze	Obergrenze
Ja, öffentlicher Dienst	Nein, privatwirtschaftliche Organisation	-,07193*	,02337	,013	-,1336	-,0103
	Weiß nicht	-,34397*	,11544	,017	-,6486	-,0393
	Keine Angabe	,47825	,27935	,522	-,2590	1,2155
Nein, privatwirtschaftliche Organisation	Ja, öffentlicher Dienst	,07193*	,02337	,013	,0103	,1336
	Weiß nicht	-,27204	,11448	,105	-,5742	,0301
	Keine Angabe	,55018	,27896	,292	-,1860	1,2864
Weiß nicht	Ja, öffentlicher Dienst	,34397*	,11544	,017	,0393	,6486
	Nein, privatwirtschaftliche Organisation	,27204	,11448	,105	-,0301	,5742
	Keine Angabe	,82222*	,30099	,038	,0278	1,6166
Keine Angabe	Ja, öffentlicher Dienst	-,47825	,27935	,522	-1,2155	,2590
	Nein, privatwirtschaftliche Organisation	-,55018	,27896	,292	-1,2864	,1860
	Weiß nicht	-,82222*	,30099	,038	-1,6166	-,0278

*. Die Differenz der Mittelwerte ist auf dem Niveau 0.05 signifikant.

Abb. 6. Einfaktorielle Varianzanalyse A 208 Quelle: Eigne Darstellung

Reliabilität

Skala: ALLE VARIABLEN

Zusammenfassung der Fallverarbeitung

		N	%
Fälle	Gültig	5496	100,0
	Ausgeschlossen[a]	0	,0
	Gesamt	5496	100,0

a. Listenweise Löschung auf der Grundlage
aller Variablen in der Prozedur.

Reliabilitätsstatistiken

Cronbachs Alpha	Anzahl der Items
,627	7

Item-Skala-Statistiken

	Skalenmittelwert, wenn Item weggelassen	Skalenvarianz, wenn Item weggelassen	Korrigierte Item-Skala-Korrelation	Cronbachs Alpha, wenn Item weggelassen
Verhalten: Halte mich an geltende Sicherheits- und Gesundheitsvorschriften	11,78	14,419	,339	,591
Verhalten: Mache Vorschläge, wie sich Sicherheit und Gesundheitsschutz verbessern lassen	10,97	13,049	,434	,556
Verhalten: Greife ein, wenn sich andere sicherheitswidrig verhalten	11,37	12,374	,410	,566
Verhalten: Fühle mich mitverantwortlich für Sicherheit und Gesundheitsschutz	11,59	13,357	,495	,540
Privatleben: Wahrnehmung medizinischer Vorsorgeuntersuchungen	11,57	15,529	,253	,615
Privatleben: Sport/körperliche Aktivitäten	11,42	15,951	,187	,633
Privatleben: Ausgewogene Ernährung	11,47	15,868	,257	,614

```
RELIABILITY
  /VARIABLES=A701A A701B A701C A701D
  /SCALE('ALL VARIABLES') ALL
  /MODEL=ALPHA
  /SUMMARY=TOTAL.
```

Abb. 7. Berechnung des Cronbachs Alpha der Items Werte A701A bis A703C Quelle:
Eigene Darstellung

Begründung der vorhandenen Elemente des Strukturbaums auf Grundlage der in Aufg.
C.1 recherchierten Literatur

Wie bereits im Theorieteil erwähnt, zählt der Arbeitsbeschreibungsbogen (ABB) in Deutschland zu den am weitesten Verwendung findenden Operationalisierungsansätzen, wenn es um die Erhebung von Az im Bereich der Personal- und Arbeitspsychologischen Kontext handelt[57]. Die Autoren des ABB Neuberger und Allerbeck erfassen mit diesem insg. 9 Dimensionen, nach welchen Mitarbeiterzufriedenheit dann entsteht, wen einige oder vor allem alle der Sieben Haupt Dimensionen vorhanden sind hohe Merkmalsausprägungen besitzen so Haller und Wissing[58]. Neuberger und Allerbeck verweisen bei der Konstruktion der Messmethode auf eine Skala zum Messen, genauer eine sog. Mehrdimensionalen (Likert-Skalierung), bei welcher jedes der oben genannten Kriterien (Dimensionen) eine Zerlegung in Teilzufriedenheit findet, mittels einer vierstufigen Skala wird sowohl die Einzelzufriedenheit abgefragt, jedoch auch zusätzlich für jede Dimension ein zusammenfassendes, Direktes Globalurteil, die Gesamtzufriedenheit des Arbeitnehmers erhoben wird, die Antwortskala reicht von Trifft zu bis zu trifft nicht zu, so Neuberger und Allerbeck[59]. Erwähnenswert ist es die von Herzberg im Rahmen seiner zwei Faktoren Theorie entwickelten Motivationskomponente, mit welcher die relative Subjektivität der Dimensionen bezogen auf die individuelle Prioritätensetzung zu mindestens grob evaluiert wird. Um eine Trennung in Kontent bzw. (Motivatoren)- und Kontextfaktoren wie u.a. (Hygiene Faktoren) zu gewährleisten. Wir erinnern uns, erstere sind Faktoren welche direkt auf die Arbeit abzielen, letztere sind jene welche nicht mit dem direkten Arbeitsumfeld assoziiert werden so Nerdinger[60]. Inkludieren wir die Annahme, unser Modell ist auf einem empirisch fundierten latenten Konstrukt aufgebaut, welches z.B. durch die von Hackman und Oldham mit ihrem gut bewährten und äußerst etablierten Job Characteristics Model. In diesem Fall kann wohl das ganze Latente Konstrukt, welches wir bereits adaptiert haben, um diese drei Dimensionen wohl um drei globale extra Dimensionen ergänzt werden. In diesem Fall wären es die Dimensionen Bedeutsamkeit, Verantwortungsbewusstes Handeln und Handlungsbewusstsein[61].

---

[57] Vgl. Haller, S. Wissing, C. (2020), S.431-432.
[58] Vgl. Haller, S. Wissing, C. (2020), S. 430. nach Neuberger. O, Allerbeck, M. (1978); Clark, M. Peck, H. Christopher, M. Payne, A. (1999)
[59] Vgl. Neuberger, O. Allerbeck, M. (1978), S.42
[60] Vgl. Nerdinger, F. W. Blickle, G. Schaper, N. (2019), S. 420
[61] Vgl. Nerdinger, F. W. Blickle, G. Schaper, N. (2019), S. 469

AZ als Organisationales Ziel		Bewertung mittels (Likert Skalierung)
Dimensionen	*Kategorien*	*Items*
• Tätigkeit	Arbeitsinhalte, Verantwortung, Entscheidungsfreiheit.	Nehmen sie die ihnen Arbeitsbezogenen Aufgaben als Attraktiv war?
• Kollegen	Unmittelbare Arbeitsbezogene Kontakte	Stur, hilfsbereit, zerstritten, sympathisch, unfähig, guter Zusammenhalt, faul, angenehm
• Vorgesetzte	Spannungsverhältnis zwischen Vorgesetztem und Arbeitnehmer	Möglichkeit der Mitsprache gegeben? sind ihre Kollegen Freundlich? Herrscht ein netter Umgangston? Wie kompetent schätzen sie ihr Kollegium ein?
• Organisation und Leitung	Zusammenarbeit zwischen den einzelnen Bereichen und Abteilungen	Wie sehr hält sich ihre Organisation an die durch die Geschäftsführung diktierten Leitlinien und vorgegebenen Regeln, Vorschriften und Planung?
• Entlohnung	Wichtiger Faktor für die Gesamtzufriedenheit.	Wie zufrieden sind sie mit ihrem Gehalt? Reicht ihnen die derzeitige Gewährung geldwerter Vorteile? Dienstwagen, Kommunikationsendgeräte
• Aufstiegsperspektiven	Beförderungen machen Stellen attraktiver und heben den Selbstwert des M.A.	Wie zufrieden sind sie mit den Möglichkeiten ihrer Aufstiegsperspektiven? Wie gut können sie mit der ihnen neu zugetragenen Verantwortung hantieren?
• Arbeitsbedingungen	Physische Belastung, Psychische Belastung,	Pausen, Reduzierung von Lärm, Vorhandensein von Hilfsmittel/ Arbeitsmaterialien zur Erleichterung der Tätigkeit

Zusatzdimensionen		und zur Gewährleistung eines reibungslosen Ablaufs.
Arbeitszeiten		Teilzeit, Gleitzeit, Modernes Work-Life-Balance-Model
Sicherheit des Arbeitsplatzes		Festangestellt. Befristet, oder Freelancer
Anerkennung der Leistung		Wird ihre Arbeit zur Genüge wertgeschätzt ?

Tab. 5. Siebendimensionale Konstruktionsstrukturbaum zur Messung der AZ-Quelle: Eigene Darstellung in Anlehnung an Haller, S. Wissing, C. (2020), S.431-432.